MW01226524

S.O.S.

Sanar. Orar. Salvar.

Kit de primeros auxilios

César Encinas

BARKER ❷ JULES

S.O.S. | Sanar. Orar. Salvar.

Edición: Barker & Jules Books™
Diseño de Portada: Barker & Jules Books™
Diseño de Interiores: Barker & Jules Books™

Segunda edición - 2022
© 2020, César Encinas

I.S.B.N. | 978-1-64789-298-2
I.S.B.N. eBook | 978-1-64789-299-9

BARKER & JULES, LLC
2248 Meridian Boulevard, Suite H, Minden, Nevada 89423
barkerandjules.com

S.O.S.

Sanar. Orar. Salvar.

Kit de primeros auxilios

César Encinas

BARKER & JULES

"Este libro es una excelente herramienta de sanidad que te llevará de la mano hacia Dios y la plenitud que hay disponible para ti, todo esto desde la hermosa y vulnerable historia de mi amigo César."

Jobab Islas,
Líder de alabanza en Mxxsm
Escuela de Ministerio Sobrenatural México

"Todo creyente debería tener a la mano su kit de primeros auxilios para cada proceso de liberación de las estructuras emocionales que se descubren a partir de la renovación del entendimiento. Mi admiración a la valentía de César para exponer las heridas profundas de su alma en un manual para toda persona que ha sido quebrantada de corazón y desea sanar heridas profundas, como las que César expone. La empatía y la identificación con el proceso de sanidad ayudan al lector a ser aceptado y resguardado en el camino que Papá Dios tiene para sus vidas. Una historia que dará paz y valentía a muchos que buscan ser restaurados en las manos de nuestro Sanador Jesús"

Verónica Cajíca,
Líder Principal de El Tesoro de Amor y Gracia.

"En un mundo lleno de temor y ansiedad las adicciones son canales de fuga que llevan a lugares oscuros dentro del corazón de quienes las padece.

Este libro nos recuerda la paz interior de parte de Dios que trasciende al caos y a la revolución de emociones adictivas. Es un excelente compendio de esperanza y testimonio que sin duda su lectura se convierte en imprescindible para poder navegar a través del bullicio emocional de la vida diaria». Te invito a que leas este libro de tapa a tapa. ¡No te querrás perder ni una sola palabra!"

**Fernando Portillo,
Pastor Principal Iglesia Tiempo Nuevo.**

"Amor y compasión son dos palabras que vienen a mi mente y describen todo este manual. Es la misma vida transformada de mi amigo, plasmada en estas páginas; y es que no hay nada más poderoso que el testimonio de alguien que ha experimentado el poder y la gracia de Papá.

A través de este Kit serás guiado paso a paso para descubrir tu diseño original, cuando fuiste creado por Dios. Es increíble cómo cada analogía usada aquí refleja el proceso de sanidad, restauración y restitución que solo podemos encontrar en Aquel que nos amó. Gracias César por tu corazón derramado en este kit. ¡Si Dios lo hizo, lo volverá a hacer!"

Eduardo Arca, Ministro de Alabanza.

"Así como en lo natural una herida que no es atendida oportunamente puede llegar a generar un gran problema de salud que puede poner en riesgo la vida y debemos recurrir de emergencia a un especialista, así también sucede con las heridas en el alma, si no las atiendes oportunamente van a generar inestabilidad en tus emociones, alterar tu toma de decisiones, distorsionar el lente a través del cual ves la vida y poner en riesgo el destino de tu vida eterna.

Por lo que cuando sabemos y reconocemos que nuestras heridas del alma necesitan intervención urgente, debemos recurrir al único médico capaz de sanar y restaurar nuestras vidas e identidad, su Nombre es Jesús de Nazareth.

A lo largo de la historia, diferentes hombres y mujeres de todo el mundo, que han sido sanados y restaurados por Dios, nos han compartido poderosos testimonios y experiencias que nos ayudan a comprender mejor el proceso que estamos viviendo y cómo tener acceso a una completa sanidad. En S.O.S. Kit primeros auxilios, César Encinas, inspirado por Dios, nos lleva a encontrar la

sanidad en Cristo a través de diferentes y poderosas herramientas que lo ayudaron a él a salir de una vida de excesos y malas decisiones."

Areli Hernández

ÍNDICE

PRÓLOGO

Estar decidido a encontrar una transformación verdadera en nuestra vida, requiere de un cambio integral que involucra espíritu, mente, alma y cuerpo. Buscar un cambio permanente requiere comenzar desde el interior, trabajar desde la raíz y como consecuencia ver el cambio reflejado en nuestro ser externo.

No es solo la mente la que nos conduce al logro, es nuestro espíritu conectado al de Dios, el que nos ayuda a comprender los misterios de nuestra razón de existir.

S.O.S. es una herramienta invaluable para todos aquellos que buscan ser rescatados, pero que no solo quieren ser llevados a tierra firme, sino descubrir lo que se encuentra más allá de sus propios límites.

Más que un kit de sobrevivencia es una invitación a entrar en un proceso de restauración que se vuelve tangible cuando la fuerza sobrenatural del Espíritu Santo entra en acción y logra más allá de lo posible. No te conformes con solo estar a salvo, atrévete a descubrir a través de este manual el camino que te llevará no sólo a sanar tus heridas.

Estás a punto de enfrentar el desafío que quienes como tú, portan grandeza en su corazón y lo logran concretar: conocerte a ti mismo y conocer a quien te creó.

Disfruta de tu verdadera libertad.

Abraham Hernández,
Fundador del movimiento Enfok2.

LA HERIDA Y LA VERDAD

Hola, soy César, el creador de este kit de primeros auxilios. Te quiero decir primero dos cosas; Dios te ama y yo he estado orando por ti desde hace mucho tiempo.

Te comparto que al mismo tiempo que escribo esto, estoy pasando por una etapa en donde las consecuencias de mis actos me han alcanzado y no todos los días me siento animado, pero vivo confiado de que Dios obrará en mi vida una vez más como lo ha hecho en repetidas ocasiones. Así que decido apagar la voz equivocada y elijo escuchar la voz de Dios diciéndome: "Tú eres mi hijo y también de esto saldrás, todo estará bien." Tomo un momento, respiro su presencia y me doy cuenta de que efectivamente todo saldrá bien, aun cuando el resultado no se vea como yo espero.

Si estás leyendo esto es porque seguramente no tomaste buenas decisiones en tu vida y te han llevado a un lugar muy obscuro en donde reina el dolor, la inseguridad y la falta de amor. Para mí es muy importante decirte que no has sido el único o la única que ha pasado por esto, yo mismo he pasado por ese valle de sombras y no solo una vez, muchísimas veces y un día alguien obedeció, se dejó utilizar, llegó a mi vida y me hizo ver la VERDAD. De cualquier manera, a veces me encuentro en situaciones no muy gratas.

Si ya llegaste hasta este punto es maravilloso, ya que estás empezando a tomar las decisiones correctas y eso solo es porque alguien oró y clamó por ti y sí, aunque no lo creas, Dios escuchó y por cómo te ama nos ha dado una oportunidad de conocerte y poder vivir contigo este nuevo camino.

> *"Pueden pedir cualquier cosa en mi nombre y yo la haré"*
> **Juan 14:13**

Estoy seguro que esta adrenalina y mar de emociones que estás sintiendo disminuya con el tiempo, pero allí está la clave de todo; mantener esa paz y tranquilidad que sentiste después de acercarte a Él y ver lo que el amor de Dios puede hacer en tu vida. Tengo que dejarte claro que todo lo que has puedas llegar a sentir a lo largo de tu lectura, es solo el amor manifiesto de Dios y su manera de decirte "bienvenido(a) a casa, te esperaba". En este kit encontrarás guantes para poder comenzar, un suero, una solución antiséptica, algodón, gasas, vendas e incluso medicamento para emergencias. Todo esto te ayudará a ver cómo Dios te ama y te esperaba con los brazos abiertos.

Por lo pronto, te cuento brevemente mi historia a la que me gusta llamarla *"Apostando por Dios"*. El título me delata, yo tenía una falta de identidad tan grave que me volví adicto al juego. Desde hace pocos años la ludopatía (enfermedad mental por la cual la persona no puede dejar de jugar, viene del latín *ludus* que significa juego y *patía* que quiere decir enfermedad o padecimiento) es reconocida por los expertos como parte de las cinco adicciones madre junto con el alcoholismo, la drogadicción, el tabaquismo y la conducta sexual compulsiva. Tal vez no eres ningún adicto, pero tu falta de identidad te ha llevado a tomar malas elecciones o a soportar situaciones que no tendrías por qué estar viviendo. Para esto te tengo una excelente noticia DIOS TE AMA tal cuál eres y ERES SU HIJO y eso es todo lo que te debe importar.

"Pero los que lo abrazaron y se apoderaron de su nombre les dio autoridad para convertirse en hijos de Dios."

Juan 1:12 TPT

Es comprensible que si, al igual que yo, no tuviste una figura paterna en tu vida, imaginarte a Dios como padre y sobre todo como un buen padre puede ser un tanto difícil, especialmente al inicio. Así que por ahora no te preocupes por este punto, yo también pasé por ahí y a medida que vayas avanzando tu corazón tendrá más confianza, perdón y misericordia.

Profundizo un poco más sobre mi historia personal; para cuando yo tenía 27 años apostaba diario y una vez a la semana me iba a Las Vegas, Nevada, ciudad mundialmente conocida por sus excesos. Empecé jugando mi propio dinero y eventualmente me jugué el dinero de muchos conocidos míos, incluyendo el de mi madre, el de otros familiares, amigos y en ocasiones hasta desconocidos, esto me generó una deuda ridícula y comenzó a engendrar un mar de emociones y problemas que seguramente reconocerás porque sin importar la sustancia o la situación funciona de la misma manera.

Primero me aislé, estaba ensoberbecido y sentía que ni la religión, ni mis amigos, ni los psicólogos, ni nadie podría comprenderme o ayudarme como yo quería. Pensaba que todo mundo debería ayudarme dándome dinero y no preguntando. En ocasiones era el rey del mundo y en un instante era la persona más incomprendida y desolada del planeta, sentía que algo me faltaba y no tenía idea consciente de qué era, se me olvidaban las cosas y por si fuera poco tenía la presión de mis acreedores respirando en mi nuca. Esto me generaba tal carga emocional que hacía una cantidad inmensa de tonterías, llegaba a apostar más o a contar tantas mentiras que parecían películas enteras, por supuesto tampoco dormía.

Durante años viví en lo que me gusta llamar un "estado *zombie*", vivía una completa mentira de vida, vamos, no sabía ni quién era, ya había adoptado tantos papeles y contado tantas mentiras que me había transformado en un personaje ficticio. Vivía constantemente enojado, haciendo todavía más difícil que alguien pudiera ayudarme. Mi enojo, ahora lo entiendo, venia del miedo. Ya no sabía qué hacer, la bola de nieve que había provocado era enorme, peligrosa y estaba a escasos metros de aplastarme.

No tenía la menor idea de cómo pedir ayuda sin temer un regaño yo como muchos crecí en una cultura en donde el error era castigado. También temía que de cualquier forma no me ayudaran, no sé con exactitud qué es lo que pensaba que pasaría. El punto es que el miedo era gigante y me paralizaba, entraba como en un modo autómata en donde solo sabía apostar y conseguir más dinero para seguir haciéndolo, sin pensar a dónde iba a parar semejante embrollo en el que me había metido. Pasaba días enteros encerrado en una lujosa habitación de hotel, solo pensando en soluciones mágicas o, peor aún, humillantes. Me pasaba la vida sumergido en una angustia y ansiedad eterna, recuerdo estar comiendo manjares y no saber a qué saben. ¿Te ha pasado? De verdad espero que la respuesta sea NO. Muchas de las veces viajaba con personas extraordinarias, entre ellas mi madre y recuerdo haberla disfrutado muy poco, eran viajes en los que seguramente de no haber estado metido en tanta porquería hubieran sido de película, aunque de alguna manera lo fueron, pero de una película de terror. Lastimé a la gente que más me había amado y que confiaba en mí ciegamente, personas que hoy en dia después muchos años me han perdonado y hemos restaurado la relación, aún cuando no he podido resarcir los daños. Esa pesadilla duró muchos años, y todo por la falta de identidad, pero lo importante es que sepas que a muchos nos pasa y que aun así somos amados por Dios, **perdonados y restaurados por Él y eso es lo que realmente importa.**

Toda mi vida cambió un sábado, cuando en medio de un evento de adoración y alabanza a Dios la persona que cantaba se bajó del escenario mientras yo clamaba por misericordia de rodillas, con profundo dolor y envuelto en llanto. Él estaba como a doscientos metros de mí y tocó mi cabeza con una mano y como si supiera lo que estaba pasando me dijo; *"Ya te perdoné, no temas más, no voltees más a la izquierda ni a la derecha que nada pasará, levántate y sé un hombre."* Palabras que retumban en mi corazón hasta el día de hoy, ese día por primera vez, aun después de muchos años de "cristiano", sentí su amor y la presencia del Espíritu Santo (cuando lleguemos a los *Guantes* lo explicaré mejor), en ese momento todo quedó atrás y pude dar la cara a mis acreedores y a tanta gente que había defraudado. Por supuesto que no fue algo sencillo, ni mucho menos fue sexy o atractivo, pero si fue altamente liberador. No quiero decirte que fue magia y que todos reaccionaron bien, pero para mí fue como si me quitara todo el peso del mundo de la espalda y fue entonces cuando inició esta aventura donde no he podido parar de hablar de su amor y de cómo si entendemos nuestra identidad todo puede cambiar y esto me ha llevado a buscar más sobre Él.

Cinco días después me encontraba internado por voluntad propia en una clínica de rehabilitación de adicciones. Esta ha sido de las experiencias más increíbles que he tenido y fue el comienzo de mi verdadera vida. En ese lugar tuve infinidad de encuentros con Dios, dos los recuerdo con una claridad deslumbrante:

Todas las noches me despertaba a las tres en punto y abría la Biblia en el mismo versículo, todavía no tenía idea de que marcaría mi vida. La otra fue que tras varias noches de mal dormir, pude descansar bien después de años, escuché la voz de Dios hablándome y me dijo: "*Serás mi Pastor y construirás un lugar para personas como tú*".

A pesar de la verosimilitud de esta historia, me tardé muchos años en procesar y aprender un par de lecciones más para empezar a vivir la vida que hoy tengo, ya han pasado sies años desde entonces. No cabe la menor duda de que este camino no ha sido fácil pero ha sido un *muy buen comienzo de vida*.

Seguramente te has dado cuenta de que la palabra **identidad** ha sido clave en toda esta historia y precisamente de eso te quiero hablar; de tu *IDENTIDAD*.

Quiero decirte quién eres y de quién eres. Pensarás: ¿Qué es lo que está diciendo? Es que tienes una identidad Real, que nada ni nadie te puede quitar, sí Real de Realeza, como el príncipe Carlos, tú eres hijo o hija de un Rey, pero lo importante aquí es que no eres hijo de cualquier Rey, eres hijo o hija del Rey de Reyes. Es correcto, eres hijo de ni más ni menos que de Dios y en un principio eso puede sonar abrumante y poco difícil de digerir. Partiendo de que tal vez no todos tuvimos la imagen de un padre biológico presente y luego sumemos lo que la religión nos ha hecho. Es probable que tengamos la imagen de un Dios no tan paternal y mucho menos amoroso, pero quiero asegurarte que eres suyo y que no hay nada que pueda cambiar eso, Él te creó a su imagen **(Genesis 1:27) te modelo con sus manos y dio vida con su aliento,** quiere que sepas que todo lo que has pasado no fue por su culpa, que vivimos en un mundo corrupto, que hay cosas que simplemente suceden como resultado de un mundo caido y/o en su defecto son causa y consecuencia de nuestras propias acciones pero ni siquiera eso ha hecho que te ame menos, Él no está buscando tu perfección, para Él ya eres perfecto tal cual eres, ya que Él te hizo. Él sabía todo lo que ibas a pasar y harías con tu vida incluso antes de que nacieras **(Jeremias 1:5)** así que ni por un momento te permitas pensar que es de otra forma. Pronto abrazarás tu verdadera identidad y empezarás a vivir en la realidad correcta.

No temas, ya estás en un lugar seguro y mi propósito de vida es ayudarte y demostrar que no estás solo o sola y que todo esto que viviste ya pasó, solo hay un camino por recorrer y es muy probable que no sea fácil o rápido, pero sin duda será un gran honor caminar contigo. El paso más importante ya lo diste, es decir, ya has reconocido que por tus propios medios no pudiste y es, francamente, mi más grande honor ayudarte. ¡Entrégale todo a Jesús! Él te mostrará cómo llegar, porque Él es el camino, la verdad y la vida. **Juan 14:6**

> *"¿Estás cansado y llevando una carga pesada?, acércate a mí y refrescaré tu vida, porque yo soy tu oasis, simplemente une tu vida con la mía, aprende mis maneras y descubrirás que soy gentil, humilde y fácil de complacer.*

Encontrarás refrigerio y descanso en mí. Porque todo lo que requiero de ti será agradable y fácil de soportar."

Mateo 11:28-30 TPT

El siguiente paso es encontrar la herida, no podemos empezar a sanar nada si no sabemos qué es. Ya hemos detectado la falta de identidad y sabemos que hemos llegado prácticamente desangrándonos. Ahora hay que preguntarnos: ¿De dónde viene? ¿Qué fue aquello que me hirió de tal manera que perdí mi identidad? ¿Qué fue esto que me llevó a hacerme daño y dañar a los demás?

Te puedo asegurar que a lo largo de estas hojas encontraremos tu identidad, así que comencemos y ponte los guantes que trataremos con lo más delicado que tienes y eso es tu corazón.

ESPÍRITU SANTO
GUANTES

Estoy por embarcarme en la misión de rescate más importante de toda mi vida, me refiero tu corazón. Me encuentro emocionado y agradecido por el privilegio de poder ayudarte a encontrar la herida en tu corazón, pero primero necesitamos estar seguros de no lastimar o infectar nada más, creo que ya sufriste lo suficiente. Así que hagamos lo siguiente; ponte los guantes que te protegerán de infecciones o cualquier cosa que salga de tu herida y no provenga del corazón de Dios.

Me gusta pensar que los guantes hacen la función del Espíritu Santo y en unos segundos te quiero explicar por qué, pero antes me gustaría que oremos juntos. ¿Te parece?

Dios, te doy gracias por el día de hoy, te doy gracias por lo que has hecho en mí, por las victorias y las derrotas, pero también te doy gracias por las batallas por venir, porque sé que tú estás a mi lado peleando en cada una de ellas y que contigo siempre estoy del lado victorioso.

Espíritu Santo, te pido que me llenes de ti, que cubras mis palabras y mis emociones, que consueles mis heridas y me guíes el resto de mi vida. Sé que sin ti será difícil caminar y que con tu compañía será más fácil alcanzar la meta. Jesús, quiero decirte que te amo y reconozco que no fui del todo bueno, pero contigo todo es más fácil. Te pido perdón por todo lo hecho en mi pasado y quiero seguirte como el faro que ilumina el camino de mi vida, reconozco que eres la luz del mundo, el único Rey y salvador. Sin tu rugido no puedo ir a ningún lado, sé que me amaste antes de la creación del mundo y que con tu sangre has puesto mi nombre en el libro de la vida y que pagaste con ella todos mis pecados. En el nombre Cristo Jesús. ¡Amen!

¡Increíble! Después de tan importante decisión y declaración quiero explicarte un poco sobre el Espíritu Santo y cómo su persona intercede en mi vida. Porque el Espíritu Santo es una persona es tan tangible como tú y como yo incluso más real.

Sabes, cuando Jesús vino a la tierra y ascendió nos dejó en su representación al Espíritu Santo de Dios.

> *"Amarme te permite obedecer mis mandamientos y le pediré al Padre y Él te dará otro salvador, el Espíritu Santo de la Verdad, que será para ti un amigo justo como yo y Él nunca te dejará. El mundo no lo recibirá porque no pueden verlo ni conocerlo. Pero lo conocerás íntimamente, porque Él hará su hogar en ti y vivirá dentro de ti."*
>
> **Juan 14:15 TPT**

Definitivamente Dios nos ama de sobremanera, no solamente dio a su único hijo por nosotros: *"Porque de tal manera amó Dios al mundo que ha dado a su hijo unigénito, para que todo aquel que en Él cree no se pierda, más tenga vida eterna."* **Juan 3:16.**

Posteriormente, nos dio a su Espíritu para que viviera en nosotros, nos guíe y consuele. ¡Qué grande es su amor por nosotros!

El Espíritu Santo está aquí y ahora está dentro de ti. Es una persona, pero no es cualquier persona es extraordinario y está lleno de amor por ti y por el mundo. Cubre con su amor y poder dándote la capacidad y valor de encontrar dónde perdiste la voluntad. Pregúntale y seguramente te contestará. Dolerá, pero será muchísimo menos doloroso que lo que estás pasando, esfuérzate y pregúntale en este momento: ¿Qué fue lo que me pasó? ¿Cómo me perdí? Dile: ¡Guíame, Espíritu Santo! Aguarda unos minutos, cierra los ojos para ayudarte a concentrarte si es necesario, estoy seguro de que pronto estarás con la respuesta en tu boca. Apúntalo ya que trabajaremos sobre esto más adelante y ahora te voy a explicar cómo pude definir la voluntad:

La voluntad se encuentra en nuestra alma y cuando nos sucede algo; un evento traumático; violencia en casa, la falta de alguno de nuestros padres o cualquier evento que pueda generar un trauma en nuestras vidas, el alma se quiebra y junto con ella nuestra voluntad (imagínate esto como una esfera dentro de otra). Es ahí donde empezamos a hacer cosas sin control y aun cuando podríamos estar conscientes de que es algo malo o la estamos pasando mal, no podemos detenerlo tan fácil, al contrario, tal vez seguimos adelante sin conciencia, es como si un coche se hubiera quedado sin frenos, nuestra voluntad está desenfrenada y es practicante de mala voluntad.

¿Recuerdas que te conté algo sobre que no podía encontrar solución? Era en la época en que solo podía seguir apostando. Sucedía exactamente eso, que mi auto ya se había quedado sin frenos y yo continuaba acelerando con muy mala voluntad, atentando contra todo y todos los que iban conmigo abordo. Lo siguiente que podría pasar era un golpe de frente a alta velocidad que causara mi muerte o bien, un milagro. Mi voluntad estaba totalmente quebrada y yo seguía acelerando sin pensar en el final.

El mundo le llama a esto "fuerza de voluntad" yo te propongo que pienses que no existe tal cosa. Tienes buena o mala voluntad para hacer las cosas, un par de ejemplos; todas las mañanas al despertar puedes decidir si te paras a trabajar o no y es ahí donde descubres qué tipo de voluntad tienes. Otro ejemplo sería bajar de peso, tú decides si quieres adelgazar o no y qué tipo de alimentación tienes que llevar para lograrlo. Personalmente admiro mucho a la gente que logra tener la suficiente cantidad de buena voluntad para lograr sus metas, el chiste se cuenta solo. Personas como nosotros que nos fue rota el alma perdimos esa capacidad, entonces por lo general tendemos a buscar una sustancia o actividad no precisamente edificadora para cubrir la necesidad de eso que perdimos de manera errónea.

Al descubrir qué nos lastimó nos es más fácil detenernos y darnos cuenta de que hay una solución para eso que estamos sintiendo. Podemos empezar a trabajar en nosotros desde la responsabilidad y dejar de culpar a aquello que nos rompió, esto nos permite pisar el freno y empezar a hacernos responsables de lo que está sucediendo y recuperar la voluntad. Esto no es más que obra de recibir al Espíritu Santo y la Biblia lo explica así: *"El Espíritu Santo que te da poder, amor y autocontrol"* **2 Timoteo 1:7 TPT.**

Es aquí cuando descubrimos que el Espíritu Santo vive con nosotros y podemos ver el amor, el poder y la grandeza de Dios comienza a actuar en nuestra vida, no hay manera de que no encontremos esa herida y empecemos a restaurarla de la mano de Jesús porque Él acaba todo lo que empieza: *"Y estoy seguro de que Dios, quien comenzó la buena obra en ustedes la continuará hasta que quede completamente terminada."* **Filipenses 1:6 NTV**

¡Así que si ya estás en este punto felicidades! Dios te reconstruirá pieza por pieza y limpiará las que no sirven y las quitará con tu ayuda. Yo solía ver esto como si armara un Lego y algunas piezas hubiesen sobrado o de plano no hubiesen encajado, Él me mostro cuál me faltaba o qué había que componer.

Examíname, oh, Dios y conoce mi corazón. Pruébame y conoce mis pensamientos; Y ve si hay en mí camino de perversidad y guíame en el camino eterno.

Salmo 139:23-24

Espíritu Santo en la antiquísima lengua aramea se dice **Paracleta**. Tiene una división, la primera parte ***Praq*** que significa: terminar, acabar, salvar. Y la segunda es ***Lyta*** que significa: maldición. Entonces si lo juntamos El Espíritu Santo es: "El Redentor que termina con la maldición". No sé tú, pero a mí me emociona saber que alguien me ama tanto que es capaz de pelear por mi vida y rescatarme de la maldad. [1]

Esto me hace recordar el día que regresé de ese fin de semana de alabanza y adoración. Yo le había mentido a mi mamá por meses con respecto al paradero de mi último carro, le decía que se encontraba en el taller mecánico cuando en realidad lo había perdido al empeñarlo. Después de la experiencia que tuve con Dios ese fin de semana, algo dentro de mí ya no me dejaba seguir con la mentira, me era imposible. Ahora entiendo que era obra del Espíritu Santo, pero en ese momento yo desconocía la fuerza que trasmitía y me hacía querer gritar la verdad y liberarme. *"Y cuando él venga, convencerá al mundo de pecado, de justicia y de juicio."* **Juan 16:8**

Así que me senté a un costado de su cama, aterrorizado porque sabía que estaba por abrir un cajón lleno de mentiras y recibir una respuesta que no me iba a gustar, sin embargo, mi corazón ardía con valentía y libertad. Le conté todo con lujo de detalle y al acabar me di cuenta de que ella se había mantenido acostada, tranquila y viéndome a los ojos con amor. Definitivamente esa no era la reacción a la que estaba acostumbrado, me di cuenta de que Dios estaba en ese momento en su recámara y que estaba respaldando cada una de mis palabras, Él no iba a permitir que su hijo padeciera un segundo más, desde ese momento ya estaba cumpliendo su promesa *"nada te pasará"*. Mi madre tomó mi mano y me sugirió que me fuera a descansar. ¡Era increíble! Mi cabeza explotó en ese momento, no podía creerlo, no cargaba más con esa mentira y estaba sintiendo una paz que nunca había experimentado, combinada con una felicidad extrema, en ese momento supe que El Espíritu Santo estaba conmigo y que ya nada podría salir mal.

No sé si se alcanza a apreciar con exactitud lo sucedido, pero horas antes había empezado a estar consciente de que El Espíritu Santo estaba conmigo y me empujó a decir la verdad aun a pesar de lo que yo pensaba que pasaría y como resultado hubo una respuesta acorde a sus planes. Es increíble pensar que basta un poco de fe para que nuestra vida sea totalmente distinta.

Es por esto que te animo a seguir adelante, lo estás haciendo increíble y con la ayuda del Espíritu Santo. Empecemos a limpiar tus heridas, sigue adelante con el suero y el antiséptico.

Si por alguna razon no haz logrado encontrar la herida, no dudes en contactar con nuestro equipo levanta la mano y te ayudaremos.

---

1. Véase la concordancia de Strong, Gr. 6561 y 6562; A Compendious Syriac Dictionary, pág. 237; y el Diccionario de Oraham, pág. 250.

EL PERDÓN
SUERO

Si estás leyendo esto es porque has decidido limpiar tus heridas y no solo hablo de las que te hicieron los demás, hay una que otra que te hiciste tú.

¿Lograste encontrar aquel momento en que te rompiste? O ¿Te rompieron? Da exactamente lo mismo el punto es empezar a perdonar y reconstruirnos.

Durante este paso vamos a encontrar muchas cosas, pero lo más importante es enfocarnos en el perdón, así que recomiendo hacer un ejercicio y escribir con puño y letra una lista de las personas a las que lastimamos y nos lastimaron, así como el por qué creemos que nos lastimaron o lastimamos. Esto con el fin de poder encontrar verdades y mentiras ocultas en nuestro pensamiento.

En mi caso, desde los tres años me sentí huérfano aun cuando mis padres vivían, lo unico que tenia era un sin fin de juguetes y viajes por el mundo para amortiguar la falta de lo que realmente importa, a los quince me terminé de partir sin saber lo que realmente estaba pasando, me encontraba buscando la aceptación del mundo a toda costa, principalmente de las mujeres y por consecuencia de esto obtuve frustración al sentirme rechazado. Entonces cuando la frustración aumentaba y el dolor también, descubrí el juego y al poco tiempo me encontré refugiado en las "las mieles" del juego y lo que trae consigo. Para mí era una posición económica falsa y los recursos para "agradar" de manera más eficaz. Esta pantalla me permitía pagar cuentas en restaurantes y bares y esto en una sociedad corrompida por el poder adquisitivo te hace rey en tierra de ciegos. Seguro que muchos de mis "amigos" lo recuerdan bien y eso solo era el principio de lo que sería una vida de excesos y malos hábitos, una ilusión generada por el deseo de sentirme amado y ser libre de hacer lo que fuera bueno o malo sin ser castigado y en donde aunque fuera por unas horas el fin de semana yo era libre, me sentía "respetado" por los hombres a mi alrededor y "admirado" por las mujeres, había logrado que alguien me "quisiera". En ocasiones, durante largas temporadas no apostaba y fue entonces cuando empecé a tener un hábito terrible; gastar el dinero ajeno.

En 2018 me ocurrió otra ruptura del alma durante el duelo de una relación amorosa y me fue revelado ese preciso momento en el que a los quince años me sentí totalmente desolado, traicionado, incomprendido y sin amor. Fue importante encontrar esa herida asi como he descubierto muchas más con los años y pude entonces confrontar y perdonar. Sin duda fue un proceso muy largo y doloroso hasta que entendí lo siguiente; sí, si hubo culpables por todo lo acontecido, incluyendo a la persona en que me transformé, pero sobre eso ya no hay más que hacer, la solución no es buscar culpables, sino responsables. ¿Qué crees? ¡Yo soy el responsable! Así que si ya lograste identificar que pasó me toca decirte que tú eres responsable de arreglarlo. No tenemos ya derecho para culpar a papá, mamá, hermanos, tíos, vecinos o el perro. Repito, somos responsables de esa información y aunque nos duela tenemos que perdonar y seguir adelante para poder reconstruirnos.

¿A qué me refiero con hacernos responsables? Durante mucho tiempo hemos jugado el papel de víctima, porque por supuesto que siempre hemos sabido qué fue lo que nos hizo daño, pero nos escudamos en eso para poder seguir haciendo nuestro desastre sin "culpa" y decir: es que me pegan, abusaron de mí, soy huérfano y un montón de etcéteras. Entonces, partiendo de este punto, insisto en que hay que dejar de culpar a la gente y responsabilizarnos de nuestros errores, de nuestra vida y nuestras decisiones.

Perdonar, ah sin duda de las cosas más difíciles de aprender a hacer, sin embargo, algo indispensable para vivir y sanar.

> *"Luego Pedro se le acercó y preguntó:*
> *—Señor, ¿cuántas veces debo perdonar a alguien que peca contra mí? ¿Siete veces?*
> *—No siete veces —respondió Jesús—, sino setenta veces siete."*
> **Mateo 18:21-22 NTV**

Qué increíble, ¿no? Jesús dice que debemos perdonar hasta siete veces llevadas a la setentava potencia. ¿Realmente crees que esas oportunidades se te acaben? Y si así fueran estoy seguro de que tendríamos que seguir perdonando. Créeme, es muy difícil, pero comparado a vivir ese pequeño infierno en el que estás, es el paraíso. ¡Tú puedes, eres poderoso!

Me encanta poner el ejercicio de perdonar a la altura de Jesús porque sin duda creo que Él marcó el estándar de cómo se veía el perdón en la vida y si no podemos siquiera hacer eso es posible que aún no estemos listos para ser restaurados.

"Mientras clavaban a Jesús en la cruz, oraba una y otra vez: "Padre, perdónalos, porque no saben lo que están haciendo".
Lucas 23:34 TPT

¿Y a nosotros nos cuesta trabajo perdonar a nuestros padres? O a quién nos lastimara. No lo sé, piénsalo. Creo que ya estuviste mucho tiempo de acuerdo con lo que el diablo hizo en tu vida y estás empezando a ver lo que Dios está haciendo, partiendo del hecho de que tú estás leyendo esto y no sigues destruyendo ni tu vida ni la de nadie más. El Diablo tiene terror de este momento porque sabe que te está perdiendo y eso le molesta, pero a Dios le está dando todo el orgullo y se llena de amor al ver que quieres una mejor vida para ti y Él ya te la regaló, comencemos a ponernos de acuerdo con Dios y lo que Él dice de nosotros. ¡Perdonemos!

> *Pero Dios, que es rico en misericordia, por su gran amor con que nos amó, aun estando nosotros muertos en pecados, nos dio vida juntamente con Cristo (por gracia sois salvos), y juntamente con Él nos resucitó, y asimismo nos hizo sentar en los lugares celestiales con Cristo Jesús.*

Efesios 3:4-6

Fuimos resucitados y sentados **en un trono en el cielo con Jesús,** deberías ver mi cara al escribir esto, no sé tú, pero yo prefiero vivir sabiendo eso y creyéndole que hacerle caso al diablo.

La segunda parte de esta limpieza es importantísima. Me gustaría enfocarme en la culpa y la vergüenza porque es extremadamente importante llegar a erradicarlas ya que de seguir con estas emociones, solamente te llevaran a la destrucción. Créeme, durante muchos años viví con ellas y te puedo asegurar que solo infectan la herida de manera mortal, no importa cuántas veces te autocompadezcas o incluso te victimices desde la vergüenza, eso no cambiará las consecuencias de tus actos, sin embargo, puedes decidir mirar hacia adelante y vivir con la verdad.

Brené Brown explica en su libro *El poder de ser vulnerable* que la vergüenza y la culpa no son lo mismo; la culpa te hace saber que "has hecho algo malo" y la vergüenza te hace saber que "eres malo". Podemos tomar esto como herramienta y saber desde dónde estamos viviendo, una vez identificado esto debemos pedir perdón y arrepentirnos de verdad. El arrepentimiento genuino nos lleva a un cambio genuino en nuestra manera de pensar y de hacer las cosas, así que por eso es bien importante no sentir vergüenza ni culpa porque serán como cadenas que no te dejan cambiar tus hábitos. En el momento en el que le dices **sí** a Jesús todo cambia, tu vida empieza a dar un giro para siempre y esto no quiere decir que sea magia y todo se arregla instantáneamente como en una película, porque, repito, todos nuestros actos tienen consecuencias. La buena noticia es que lo más importante ya lo hiciste y es reconocer que estabas mal y ahora quieres hacer las cosas bien.

> *"De modo que si alguno está en Cristo, nueva criatura es; las cosas viejas pasaron; he aquí todas son hechas nuevas."*
> **1 Corintios 5:17**

El versículo anterior es muy claro, somos nuevas criaturas en Él y el pasado ya está hecho y no hay nada que hacer, sin embargo debemos comprender que una nueva criatura incluye también nuestro pasado, eso significa; nuestra falsa identidad, nuestra vida de errores, el poder del diablo sobre nosotros, nuestros antiguos rituales religiosos queriendo forzar o complacer a Dios, nuestra relación con el mundo, nuestras maneras de pensar. No solo somos reformados, somos totalmente renovados en nuestra unión con Cristo y siendo morada del Espíritu Santo eres algo totalmente nuevo.

Cuando pude abrazar mi responsabilidad y comencé a erradicar la culpa y la vergüenza, pude realmente acercarme a todos aquellos que había lastimado y defraudado, entre ellos están a los que debía o debo dinero. Saber que Dios me respalda me dio valor, pude hacer una cita con todos en una misma semana, me sentía con algo de miedo porque no sabía cómo estaban sus corazones pero yo si sabía cómo estaba el mío, así que me senté con cada uno de ellos, ofrecí una disculpa, me responsabilicé y expliqué mi situación actual. Hubo quienes lo entendieron y permitieron que la relación siguiera y se reconstruyera mientras que hubo otros que no, afortunadamente fue una minoría. Con los que tenía que arreglar un asunto financiero se organizó algún tipo de plan de pagos y se ha hecho hasta el día de hoy todo lo posible para honrar ese trato.

Lo que quiero explicarte es que si hubiera cargado con la culpa y la vergüenza pensando todo el tiempo que soy malo y que había hecho algo malo, no hubiera podido acercarme a ellos, vamos, no creo que hubiera podido siquiera llamarlos para hacer la cita, fueron esas dos emociones las que me metieron en tantos problemas en un inicio.

La culpa y la vergüenza son dos cosas que debemos asegurarnos de eliminar para poder seguir adelante porque definitivamente son estas dos mentiras las que no nos dejan en paz, al menos que entendamos que las tenemos que dejar ir y perdonarnos nosotros primero porque si no nadie más en el mundo lo va a hacer. Al final del día si Dios ya nos perdonó, ¿por qué nosotros no?

> *Ven ahora y analicemos los próximos pasos a seguir. Yahvé te promete una y otra vez: "Aunque tus pecados te manchan de escarlata, ¡Los blanquearé como nieve brillante y recién caída! A pesar de que son de color rojo oscuro como el carmesí, ¡serán blancos como la lana!"*
> **Isaías 1:18 TPT**

¡Increíble! Nos invita a limpiar juntos de adentro hacia fuera incluso cambiando nuestra propia naturaleza. A Él no le molesta nuestra culpa o vergüenza, Él las convierte en algo hermoso y las usa para bien, estoy seguro de que de limpiarse bien se crearán hermosas cicatrices que te ayudarán en todo lo que hagas y ayudarán a alguien más.

> *"Y sabemos que a los que aman a Dios, todas las cosas les ayudan a bien"*
> **Romanos 8:28**

Sin duda creo que el perdón genera un cambio radical en tu vida. Tuve un Pastor que decía: "Es un folklore ver cómo Dios transforma el corazón de las personas." Hacía referencia a un pavorreal cuando abre sus plumas, creo que ese cambio solo viene de decidir perdonarte y dejar de ser duro contigo mismo y entender que tus errores no definen tu identidad, no eres tus errores. Perdonar es una decisión roma la correcta.

Dicho lo anterior te invito a que sigas adelante, no te rindas tengo la certeza de que lograrás tu libertad.

> *"Esfuérzate y sé valiente"*
> **Josué 1:9**

LA CULPA Y LA VERGÜENZA
SOLUCIÓN ANTICÉPTICA

Sé en mi corazón que estás empezando a sentir alivio y doy gracias a Dios por eso, para Él es muy importante y vital que te sientas amado y aliviado, para mí también lo es, así que te dejo esta solución que te ayudará a limpiar tus heridas y puedas ver cómo Dios te ama.

Te quiero dejar esta parábola que Jesús explicó para entender cómo nos ama El Padre:

Parábola del hijo pródigo

«Un hombre tenía dos hijos. El hijo menor le dijo al padre: "Quiero la parte de mi herencia ahora, antes de que mueras". Entonces el padre accedió a dividir sus bienes entre sus dos hijos. Pocos días después, el hijo menor empacó sus pertenencias y se mudó a una tierra distante, donde derrochó todo su dinero en una vida desenfrenada. Al mismo tiempo que se le acabó el dinero, hubo una gran hambruna en todo el país y él comenzó a morirse de hambre.

Convenció a un agricultor local de que lo contratara y el hombre lo envió al campo para que diera de comer a sus cerdos. El joven llegó a tener tanta hambre que hasta las algarrobas con las que alimentaba a los cerdos le parecían buenas para comer, pero nadie le dio nada.

Cuando finalmente entró en razón, se dijo a sí mismo: "En casa, hasta los jornaleros tienen comida de sobra, ¡y aquí estoy yo, muriéndome de hambre! Volveré a la casa de mi padre y le diré: 'Padre, he pecado contra el cielo y contra ti. Ya no soy digno de que me llamen tu hijo. Te ruego que me contrates como jornalero".

Entonces regresó a la casa de su padre y cuando todavía estaba lejos su padre lo vio llegar. Lleno de amor y de compasión, corrió hacia su hijo, lo abrazó y lo besó. Su hijo le dijo: "Padre, he pecado contra el cielo y contra ti, y ya no soy digno de que me llamen tu hijo, por favor".

Sin embargo, su padre dijo a los sirvientes: "Rápido, traigan la mejor túnica que haya en la casa y vístanlo. Consigan un anillo para su dedo y sandalias para sus pies. Maten el ternero que hemos engordado. Tenemos que celebrar con un banquete, porque este hijo mío estaba muerto y ahora ha vuelto a la vida; estaba perdido y ahora ha sido encontrado". Entonces comenzó la fiesta.

Mientras tanto, el hijo mayor estaba trabajando en el campo, cuando regresó, oyó el sonido de música y baile en la casa, y preguntó a uno *de los sirvientes qué pasaba. "Tu hermano ha vuelto —le dijo—, y tu padre mató al ternero engordado. Celebramos porque llegó a salvo".*

El hermano mayor se enojó y no quiso entrar. Su padre salió y le suplicó que entrara, pero él respondió: "Todos estos años, he trabajado para ti como un burro y nunca me negué a hacer nada de lo que me pediste. Y en todo ese tiempo, no me diste ni un cabrito para festejar con mis amigos. Sin embargo, cuando este hijo tuyo regresa después de haber derrochado tu dinero en prostitutas, ¡matas al ternero engordado para celebrar!".

Su padre le dijo: "Mira, querido hijo, tú siempre has estado a mi lado y todo lo que tengo es tuyo. Teníamos que celebrar este día feliz. ¡Pues tu hermano estaba muerto y ha vuelto a la vida! ¡Estaba perdido y ahora ha sido encontrado!

Lucas 15:11-32 NTV

Estoy seguro de que te pudiste identificar un poco con estos personajes, esta historia me parece fascinante, está llena de amor. Lo que había hecho el joven era, aparentemente, imperdonable. El padre sale corriendo a recibirlo porque en el pueblo es muy probable que si lo veían lo iban a apedrear hasta matarlo. Desde ese momento empieza un perdón inexplicable, aún no se dirigían una palabra y su papá ya lo había perdonado sin dudarlo un solo segundo. Justo así te ve Dios en este momento, a Él no le importa nada de lo que has hecho, Él conoce tu corazón y sabe que estas arrepentido y que por eso estás regresando a casa agobiado, angustiado, triste y enojado. No le interesan en lo más mínimo los detalles, ni el porqué de tu regreso, Él solo está feliz de saber que has vuelto, ahora le toca abrigarte con su amor, empoderarte con su autoridad, cuidar tus pasos y que estés seguro de que nunca más estarás solo y desamparado. Finalmente somos sus hijos y nos muestra su gracia, amor y misericordia.

Sin importar nada, sin importar cuáles fueron nuestros errores Él siempre está esperándonos con brazos abiertos, porque no importa cómo fue, a dónde fuiste, qué hiciste o a quién le hiciste, para Él eres más especial que todo eso junto. Me encanta que estás empezando a descubrir el amor de Cristo por ti, sin duda ya sientes cómo se desprende cualquier sentimiento de falsa identidad y miedo.

El amor nunca trae miedo, porque el miedo siempre está relacionado con el castigo, pero la perfección del amor aleja el miedo y el castigo de nuestros corazones.

1 Juan 4:18 TPT

Por otro lado está el caso del hermano, podrás identificar que no todo mundo piensa siempre que mereces recibir perdón o gracia, ya sean tu familia, pareja, amigos, acreedores, llámalos como quieras, pero debes de tener claro que la gracia de Dios siempre está sobre ti y que Él te ama a pesar de lo que la gente puede llegar a decir o pensar. Sim embargo cabe resaltar que el hermano aún sin haber cometido los errores del otro, tampoco se sentida digno, él tenia acceso a todo y de todas maneras no lo veia, esto es un claro ejemplo de cuando vives totalmente sin identidad y crees que Dios te ama por lo que haces y no por quien eres.

Quisiera ayudarte a entender la diferencia entre gracia y misericordia, para poder tener más claro cómo es que funcionan, te pongo este ejemplo; imagina que conduces en una carretera en donde el límite de velocidad es de 90km/h y tú vienes a 100km/h, de pronto un policía te alcanza y te indica que te detengas, después de preguntarte a dónde vas y solicitarte los papeles, decide dejarte ir sin ninguna multa, solo porque sí, eso es misericordia, cometiste un error y él decidió que no deberías pagar o ser castigado por el mismo. Luego, mientras se despide decide darte un billete de cien pesos, eso en ese momento se llama gracia, sin merecerlo y aun a pesar de tu error decidió compensarlo con algo. Dios a pesar de todo lo que pudimos llegar a hacer, nos ha perdonado (misericordia) y además nos ha adoptado, amado y hecho de su familia (gracia).

> *Pero Dios todavía nos amaba con tan gran amor, es tan rico en compasión y misericordia. Incluso cuando estábamos muertos y condenados en nuestros muchos pecados, ¡nos unió a la vida misma de Cristo y nos salvó por su maravillosa gracia!*
>
> **Efesios 2:4-5 TPT**

¡Que emoción! Si estás leyendo esto seguramente tu alma empieza a sentir confort y eso me llena de alegría. A mí me costó mucho tiempo entender esto que te explico, incluso no lo creí durante mucho tiempo, mi culpa y vergüenza eran gigantescas pero justo por eso te dejo un paquete de algodón para que te ayude a remover esos sentimientos que ya no te corresponden, pues son una mentira porque tú no eres tu pasado, el pasado no te define, ahora lo que te define es saber quién eres y eres hijo de Dios.

LIMPIEZA
ALGODÓN

Con delicadeza utiliza el algodón, te sirve para limpiar las heridas y qué mejor que limpiarlas con palabras de amor, esperanza y promesas sobre tu vida que jamás imaginaste y cosas que Dios habló para ti y de ti, te ayudará a limpiar todo tu pasado y mirar hacia delante.

En mi caso, la primera vez que esto sucedió fue en la clínica, en aquel instante vi el favor de Dios sobre mi vida. La clínica tenía prohibido que durmiéramos con libros y las enfermeras me daban mi Biblia todas las noches como si supieran que Dios quería hablarme. Durante las treinta y cuatro noches que pasé allí, algo me despertaba exactamente a las tres de la mañana, yo sabía que era momento de orar y me levantaba, tomaba mi Biblia y salía de la recámara para no molestar a mis compañeros de cuarto que me hacían burla porque les daba risa verme caminar en plena oscuridad a través de la habitación con la Biblia en mano. Me arrodillé todas las noches a la orilla de un viejo *loveseat* con olor a polvo, siempre abría la Biblia en la misma página, con mis ojos fijos en el mismo versículo. Así fui descubriendo lo que Dios me quería comunicar, lo que Él pensaba y tenía destinado para mí. No se me olvidará nunca y todos los días honro esa promesa que hice con Él.

Así que fuera de las promesas que tiene Él para ti, iniciaré por la que me fue entregada y me encantaría que la abrazaras para ti.

No temas, porque yo estoy contigo; no desmayes, porque yo soy tu Dios que te esfuerzo; siempre te ayudaré, siempre te sustentaré con la diestra de mi justicia.

Isaías 41:10 RV1960

Me llena de fuerza acordarme de cómo estaba y cómo esta palabra me acompañó a lo largo de mi estancia en la clínica de rehabilitación mientras planeaba cómo salir al mundo y reconstruir mi vida. Tiene un gran significado para mí, Dios se tomó la molestia de todas las mañanas recordarme cuánto me amaba y reiterarme que no me dejaría nunca a la deriva y principalmente que nada me iba a suceder. No cabe la menor duda de que ese versículo marcó mi vida y está grabado en mi corazón para siempre, haciéndome consciente de que Él esta para mí.

En cambio, los que confían en el Señor encontrarán nuevas fuerzas; volarán alto, como con alas de águila. Correrán y no se cansarán; caminarán y no desmayarán.

Isaías 40:31

Confía, empezarás una vida totalmente distinta a la que soñaste en el más salvaje de tus sueños, entenderás que ser su hijo y creerle tiene beneficios increíbles, que te ama tanto que te alentará el resto de tu vida, no permitirá que te canses y sabe que tienes lo que se necesita para lograr tu meta. Nada nunca será suficientemente grande, alto, fuerte o importante para detenerte.

Pues yo sé los planes que tengo para ustedes —dice el Señor—. Son planes para lo bueno y no para lo malo, para darles un futuro y una esperanza.

Jeremías 29:11

Gran parte de tu vida lo has culpado por distintas cosas que te han pasado, pero estoy seguro de que si nos detenemos a pensar, la mayoría son consecuencias de tus actos y/o de los actos de los demás, pero aquí Dios es claro diciéndote que sus planes para ti son buenos, Él te ama tanto que todo lo que pases lo hará funcionar para que sus planes salgan como Él quiere, a pesar de ti, no lo detendrá nadie para que esto suceda, porque mientras respires quiere decir que Él no ha terminado contigo.

> *Y luego, después de tu breve sufrimiento, el Dios de toda gracia amorosa, que te ha llamado a compartir su gloria eterna en Cristo, te restaura personal y poderosamente y te hará más fuerte que nunca. Sí, él te colocará firmemente en tu lugar y te fortalecerá.*
>
> **1 Pedro 5:10**

Es simplemente deslumbrante como nos ama y nos cuida, Él sabe cada detalle de nosotros y por lo que hemos pasado, sabe absolutamente todo. Por supuesto también sabe cómo reconstruirnos, sabe que hemos sufrido pero que aquel sufrimiento ha sido extremadamente breve comparado con la eternidad, Él sabe que pasamos por eso para forjar el carácter que necesitamos para llevar a cabo los planes que tiene para nosotros. Estoy seguro de que en tu cabeza todo empieza a encajar perfectamente y te repito; lo sé porque también pase por eso, incluso al momento de escribir esto siento como si estuviera pasando la película completa pero con el final feliz.

Quizá no entendamos muchas veces, ¿por qué si nos ama tanto las cosas no suceden? ¿Por qué se tardan en llegar? Lo que pasa es que nosotros queremos controlar todo. En primer lugar estás leyendo esto por ese deseo de querer controlar todo, también tus emociones, pero si Él prometió que va a suceder es porque va a suceder y si Él dijo que te va a ayudar Él te va a ayudar. Sucede que muchas veces no entendemos porque estamos acostumbrados a nuestros tiempos y fuerzas pero Él es un caballero, Él no falla, Él no miente, Él tiene palabra.

> En realidad no es que el Señor sea lento para cumplir su promesa, como algunos piensan. Al contrario, es paciente por amor a ustedes. No quiere que nadie sea destruido; quiere que todos se arrepientan.
>
> **2 Pedro 3:9**

Me encanta su manera de decirnos que no estamos listos, primero debemos ser los que fuimos creados para ser y luego nos dará todo lo que nos ha prometido. Te he de confesar que al avanzar Él va cumpliendo su palabra, paso a paso, pero primero debemos estar listos, precisamente esto último es lo más importante y te preguntarás: ¿Cómo sé si estoy listo?

Pues a mí me sucede que en el instante en que las cosas ocurren o están por ocurrir, me doy cuenta de que estoy listo para ese momento. Él así se mueve, forja primero nuestro carácter, definitivamente estás caminando de la manera correcta. Antes de que acabes de leer este kit verás que te cumplirá un par de cosas, entre ellas tener paz de una u otra forma.

> *Sigue pidiendo y recibirás lo que pides; sigue buscando y encontrarás; sigue llamando, y la puerta se te abrirá.*
>
> **Mateo 7:7**

Debemos estar atentos, quizá la respuesta está frente a nosotros o la puerta ya se abrió y seguimos tocándola, pero nos encontramos distraídos en otras cosas con menos importancia y queriendo seguir nuestra voluntad sin darnos cuenta de que eso por lo que ya pediste, sufriste y te sacrificaste ya está, pero no se ve como esperabas, entonces sigues pidiendo distraídamente. No te desanimes, sigue adelante con la búsqueda y la petición, la realidad es que todo lo que importa de verdad se dará acorde a su amor y voluntad, es complicado entender cuál es su voluntad y debes saber que su voluntad es buena, agradable y perfecta.

Él les secará toda lágrima de los ojos, y no habrá más muerte, ni tristeza, ni llanto ni dolor. Todas esas cosas ya no existirán más.
Apocalipsis 21:4

Creo que es justo lo que necesitas escuchar, en Él ya no hay nada de eso, todo lo que te pueda llegar a doler en este momento ya no dolerá más, eso te lo aseguro, nada de lo que te lastimaba lo seguirá haciendo, porque su amor borrara todo y aprenderás que es tan bueno que hasta eso que dolía tiene una función en tu vida.

Jesús el Santo, nos hace santos y como hijos e hijas, ahora pertenecemos a su mismo Padre, ¡así que no se avergüenza ni se avergonzará de presentarnos como sus hermanos y hermanas!
Hebreos 2:11 TPT

Aquí deja claro de que formas parte de una familia increíble y no solamente increíble, la más importante en el mundo, una familia en donde importas y cada cosa que hagas le importa a Jesús y a Dios, pues Ellos son tu hermano mayor y tu Padre, donde eres amado y aceptado porque Jesús te santifico aún con todas esas mentiras que crees de ti o te han dicho de ti. Eres un buen hermano e hijo y eres amado.

Te haré entender, y te enseñaré el camino en que debes andar; sobre ti fijaré mis ojos.
Salmo 32:8 RV

Me encanta cómo nos advierte que si no estamos haciendo las cosas bien, Él nos hará entender el error, lo cual te aseguro que no siempre será grato pero es formativo y que si es necesario nos pondrá en el camino correcto, evidentemente como un buen padre y no solo eso, sino que no apartará su mirada de ti para poder seguir guiándote en la vida y no tengas más tropiezos. Déjame decirte que cuando Dios te quiere hacer entender, va a ser una soberana demostración de amor, poder y autoridad que vas a desear haberle hecho caso desde el principio, pero esto no es para desanimarte, al contrario, es para que sepas que te ama y se preocupa lo suficiente como para ayudarte a enderezarte de nuevo.

No temas ni te desalientes, porque el propio Señor irá delante de ti. Él estará contigo; no te fallará ni te abandonará.
Deuteronomio 31:8

¿Ves? Es realmente espectacular cómo está a cargo de todo, cada detalle cuenta, Él irá delante de ti por tu camino, cuidando tus pasos y jamás dudes o pienses que te fallará, todo lo demás podrá fallar, pero Él jamás.

> *Cercano está el SEÑOR a los quebrantados de corazón, y salva a los abatidos de espíritu.*
> **Salmo 34:18 RV**

Creo que es bastante claro; cuanto más quebrados e indefensos nos ve, Él más cercano está porque necesita que tú sepas que no estás solo y Él quiere abrazarte.

> *Mueve su corazón cada vez más cerca de Dios y Él se acercara aún más a ti.*
> **Santiago 4:8 TPT**

A continuación coloquemos gasas sobre tus heridas ya limpias y cauterizadas.

LA CICATRIZ
GASAS

Mi corazón está ardiendo de emoción al ver que has llegado hasta aquí, sé que Dios ya te ha hablado y te ha dicho cosas importantes y es muy probable que estés empezando a palpar su amor y a enamorarte de quien Él es.

Estas gasas te ayudarán a cubrir tus distintas heridas, recuerda que son hermosas cicatrices que te ayudan a impulsarte y recordarte que no eres más esa mentira y que eres lo que Dios dice que eres.

Son versículos que te ayudarán a entender el proceso por el que pasaste y estarás pasando. Por favor toma unos minutos para reflexionar qué es lo que te está diciendo Nuestro Padre y si es posible anota cómo te hacen sentir sus palabras. Son al mismo tiempo una serie de cosas que recordarás para no volver a cometer errores que te pusieron en la posición en la que estábamos al principio. Usa las gasas como pasos a seguir para vivir una vida libre.

*Podremos agregar un cuadro de personas a las que lastimamos y nos lastimaron**

En cada uno te guiaré sobre lo que está sucediendo y cómo estás encontrando el camino a una vida nueva, te recomiendo, principalmente, apuntar la aparte de **"Señalar con el dedo, sentimientos de vergüenza y perdonados para perdonar."** Momentos y personas que se te vengan a la mente al leerlo.

- **La paradoja de la impotencia (Sabemos que no podemos contra esto):** *Por todos lados nos presionan las dificultades, pero no nos aplastan. Estamos perplejos pero no caemos en la desesperación.* ***2 Corintios 4:8** **Somos corregidos pero no condenados.***

- **Fe sanadora (tenemos que creer que su amor nos va a sanar):** *Y una mujer que padecía una hemorragia desde hacía doce años (la cual, aunque había gastado todo su patrimonio en médicos no pudo ser sanada por nadie), se le acercó por detrás y tocó el borde del manto de Jesús. De inmediato se detuvo su hemorragia.* ***Lucas 8:43-44 TPT***

- **Descubrir a Dios (nos ponemos en sus manos y voluntad):** *Entonces, ríndete a*

Dios. Enfréntate al diablo y resístelo y Él se girará y huirá de ti. Acerca cada vez más tu corazón a Dios, y Él se acercará aún más a ti. Pero asegúrate de limpiar tu vida, pecadores, y mantener su corazón puro y dejar de dudar. **Santiago 4:7-8 TPT**

- **Señalar con el dedo (revisamos todo lo que hemos hecho sin ver lo que los demás hicieron):** Negarse a ser un crítico lleno de prejuicios hacia los demás, y el juicio no se transmitirá a usted. 2) Porque serás juzgado por el mismo estándar que usaste para juzgar a otros. La medida que usas en ellos se usará en ti. 3) ¿Por qué te enfocarías en el defecto en la vida de otra persona y no notarías los defectos flagrantes tuyos? 4) ¿Cómo podrías decirle a tu amigo?, 'Déjame mostrarte dónde te equivocas', ¿cuándo eres aún más culpable? 5) ¡Estás siendo hipercrítico e hipócrita! Primero reconoce tus propios "puntos ciegos" y trata con ellos, y luego serás capaz de lidiar con el "punto ciego" de tu amigo. **Mateo 7:1-5 TPT**

- **Sentimientos de vergüenza (revisamos con Dios y con alguien de confianza de dónde vienen nuestros errores):** *Luego, en medio de su enseñanza, los eruditos religiosos y los fariseos se abrieron paso entre la multitud y trajeron a una mujer que había sido atrapada en el acto de cometer adulterio y la pusieron en medio de todos. Entonces le dijeron a Jesús: "Maestro, atrapamos a esta mujer en el acto mismo del adulterio. ¿No nos ordena la ley de Moisés matar a pedradas a una mujer como esta? Dinos, ¿qué dices que deberíamos hacer con ella?" 6) Solo estaban probando a Jesús porque esperaban atraparlo con los suyos. palabras y lo acusan de violar las leyes de Moisés, pero Jesús no les respondió. En cambio, simplemente se inclinó y escribió en el polvo con el dedo. Enojados, insistieron en que respondiera a su pregunta, así que Jesús se levantó y los miró y dijo: "Tengamos al hombre que nunca tuvo un deseo pecaminoso arrojarle la primera piedra." Y luego se inclinó nuevamente y escribió algunas palabras más en el polvo. Al escuchar eso, sus acusadores dejaron lentamente la* *multitud de uno en uno, comenzando por el mayor hasta el menor, con una conciencia convicta. Hasta que finalmente, Jesús se quedó solo con la mujer todavía parada frente a Él. Entonces Él se levantó y le dijo: "Querida mujer, ¿dónde están tus acusadores? ¿No hay nadie aquí para condenarte? Mirando a su alrededor, ella respondió: "No veo a nadie, Señor". Jesús dijo: "Entonces ciertamente tampoco te condeno. Ve, y de ahora en adelante, libérate de una vida de pecado". Entonces Jesús dijo: "Soy luz para el mundo y los que me abracen experimentarán una luz que les dará vida, y nunca caminarán en la oscuridad".* **Juan 8:3-12**

- **Eliminado, no mejorado (Dejamos que Dios haga todo nuevo):** *Ya que estamos injertados permanentemente en Él para experimentar una muerte como la suya, entonces estamos injertados permanentemente en Él para experimentar una resurrección como la suya y la nueva vida que imparte. ¿Podría ser más claro que nuestra identidad anterior está privada* *de poder ahora y para siempre? Porque fuimos crucificados con Él para desmantelar la fortaleza del pecado dentro de nosotros para que no continuáramos viviendo un momento más sometidos al poder del pecado. Obviamente, una persona muerta es incapaz de pecar. Y si fuimos crucificados con Jesús, sabemos que también compartiremos la plenitud de su vida. Y sabemos que, dado que Jesús ha resucitado de entre los muertos para no morir más, su vida de resurrección ha vencido a la muerte y su poder sobre Él ha terminado. Porque por su sacrificio murió por el poder del pecado de una vez por todas, pero ahora vive continuamente para el placer del Padre. ¡Entonces que sea de la misma manera contigo! Como ahora están unidos con Él, deben verse continuamente como muertos e insensibles a la súplica del pecado mientras viven diariamente para el placer de Dios en unión con Jesús, el Ungido.*

Juan 5:5-11 TPT

- **Corazón humilde (sabemos que solo Él nos puede limpiar):** *«Dos hombres fueron* *al templo a orar: uno de ellos era fariseo, y el otro era cobrador de impuestos. Puesto de pie, el fariseo oraba consigo mismo de esta manera: "Dios mío, te doy gracias porque no soy como los demás, que son ladrones, injustos y adúlteros. ¡Ni siquiera soy como este cobrador de impuestos! Ayuno dos veces a la semana, y doy la décima parte de todo lo que gano." Pero el cobrador de impuestos, desde lejos, no se atrevía siquiera a levantar los ojos al cielo, sino que se golpeaba el pecho y decía: "Dios mío, ten misericordia de mí, porque soy un pecador." Yo les digo que este volvió a su casa justificado y no el otro. Porque cualquiera que se enaltece, será humillado; y el que se humilla será enaltecido.»* **Lucas 18, 10-14. RVC**

- **Perdonados para perdonar (Ya sabemos que ahora nos toca revisar que hicimos y qué nos hicieron):** *Por eso, el reino de los cielos es semejante a un rey que quiso hacer cuentas con sus siervos. Cuando comenzó a hacer cuentas, le llevaron a uno que le debía plata por millones. Como éste no podía* pagar, su señor ordenó que lo vendieran, junto con su mujer y sus hijos, y con todo lo que tenía, para que la deuda quedara pagada. Pero aquel siervo se postró ante él, y le suplicó: «Señor, ten paciencia conmigo, y yo te lo pagaré todo.» El rey de aquel siervo se compadeció de Él, lo dejó libre y le perdonó la deuda. Cuando aquel siervo salió, se encontró con uno de sus consiervos, que le debía cien días de salario, y agarrándolo por el cuello le dijo: «Págame lo que me debes.» Su consiervo se puso de rodillas y le rogó: «Ten paciencia conmigo, y yo te lo pagaré todo.» Pero aquél no quiso, sino que lo mandó a la cárcel hasta que pagara la deuda. Cuando sus consiervos vieron lo que pasaba, se pusieron muy tristes y fueron a contarle al rey todo lo que había pasado. Entonces el rey le ordenó presentarse ante él, y le dijo: «Siervo malvado, yo te perdoné toda aquella gran deuda, porque me rogaste. ¿No debías tú tener misericordia de tu consiervo, como yo la tuve de ti?» Y muy enojado, el rey lo entregó a los verdugos hasta que pagara todo lo que le debía. Así también mi Padre *celestial hará con ustedes, si no perdonan de todo corazón a sus hermanos.* **Mateo 18, 23-35. RVC**

- **Hagamos las paces (nos toca intentar corregir el pasado):** *Entonces, si está presentando un regalo ante el altar en el templo y de repente recuerda una pelea que tiene con un compañero creyente, deje su regalo allí frente al altar y vaya inmediatamente a disculparse con el ofendido. Luego, después de que se haya reconciliado, venga al altar y ofrezca su regalo. Siempre es mejor llegar a un acuerdo con la persona que quiere demandarlo antes de ir a juicio, o el juez puede declararlo culpable y lo entregará a los oficiales, quienes lo llevarán a prisión.* **Mateo 5, 23-25. TPT**

- **Mirémonos al espejo (ahora constantemente vemos cuando erramos y corregimos):** *Por eso abandonamos todo lo moralmente impuro y todas las formas de conducta malvada. En cambio, con un espíritu sensible absorbemos la Palabra de Dios,* *que ha sido implantada en nuestra naturaleza, para la Palabra de Vida tiene poder para liberarnos continuamente. No solo escuches la Palabra de verdad y no respondas a ella, porque esa es la esencia del autoengaño. ¡Así que siempre deja que su Palabra se vuelva como poesía escrita y cumplida por tu vida! Si escuchas la Palabra y no vives el mensaje que escuchas, te vuelves como la persona que se mira en el espejo de la Palabra para descubrir el reflejo de su rostro en el principio. Percibes cómo Dios te ve en el espejo de la Palabra, pero luego sales y olvidas tu origen divino. Pero aquellos que fijan su mirada profundamente en la ley perfeccionadora de la libertad están fascinados y responden a la verdad que escuchan y se fortalecen con ella: ¡Experimentan la bendición de Dios en todo lo que hacen!* **Santiago 1:21-25 TPT**

- **Encontrar a Dios (lo buscamos, oramos y meditamos sobre Él):** *Adelante, dale gracias a Dios ¡por todas las cosas gloriosas que ha hecho! ¡Adelante y adoradlo!¡Cuéntales a todos sobre sus maravillas! ¡Cantemos* *sus alabanzas! ¡Cante y ponga todos sus milagros en música! ¡Brilla y haz alarde de tu alegría en Él, amantes de Dios! ¡Seamos felices y regocijemos sin importar nada! ¡Busca más de su fuerza! ¡Busca más de Él! ¡Siempre busquemos la luz de su rostro! ¡Nunca olvides sus milagros y maravillas! ¡Mantenga en su corazón cada juicio que Él ha decretado!* **Salmo 105, 1-5. TPT**

- **Nuestra historia (contamos lo que Dios hizo con nosotros):** *Y Él les dijo: "¡A medida que vayan por todo el mundo, prediquen abiertamente las maravillosas noticias del evangelio a toda la raza humana! El que crea las buenas nuevas y sea bautizado será salvo, y el que no crea las buenas nuevas será condenado. Y estas señales milagrosas acompañarán a los que creen: expulsarán demonios en el poder de mi nombre. Hablarán en lenguas. Estarán sobrenaturalmente protegidos de las serpientes y de beber cualquier cosa venenosa. Y pondrán las manos sobre los enfermos y los sanarán".* **Marcos 16, 14-18. TPT**

Me estremezco al ver cómo colocas cada una de estas doce gazas y de verdad no dudes en escribir lo que te dicen y cómo te sientes, soy un fiel creyente de que escribiendo sanamos y encontramos cosas que jamás nos daríamos cuenta que existen. Ahora coloquemos las vendas para fijar el amor.

FIRMEZA
VENDAS

Estamos muy cerca de llegar a la meta que es vivir renovado, te prometo una sola cosa y es que si de verdad tienes ganas de revivir y dejar de malvivir, este kit es solamente es una parte de la llave que te abrirá la puerta a una vida mucho mejor de lo que siempre soñaste, así que quisiera recordarte un par de cosas que seguramente ya te diste cuenta y de cualquier modo aquí te dejo para que las fijes a tu herida.

Recordarás que no estás solo y lo que tenías que gobernar ya es gobernado por Él, que Él te ha regresado la cordura y sabemos que nuestra voluntad nos llevó a este punto, que no nos queda más que entregársela, ya recapitulamos todo lo que hicimos y ya dijimos cuáles fueron nuestros errores y defectos y hasta sabemos de dónde vienen, mismos defectos que le has entregado y ya te liberó de ellos, sabes que has dañado mucho y con el tiempo seguramente repararás el daño porque tu nueva naturaleza es de bondad y amor, aun cuando eso implique hablar con total honestidad, no importa cuán dura sea, porque nuestro corazón ahora está lleno de ella, ahora siempre sabemos cuándo cometemos un error y de dónde viene, así que ahora cuidamos lo que hacemos porque conocemos el poder que tenemos tanto para construir como para destruir, buscamos la voluntad de Dios todo el tiempo y eso lo logramos con intimidad sabiendo que nos está escuchando y nosotros a él en todo momento y ahora le hablamos de esa relación a todo el mundo porque hemos descubierto que no hay nada más importante que su amor por nosotros.

Quisiera hacerte una pregunta que un Pastor me hizo alguna vez, es la siguiente: ¿Qué suple tu necesidad de amor, intimidad y consuelo? Creo que a estas alturas ya sabes que suplía esas cosas antes, la pregunta es: ¿Qué lo hace ahora?

Creí importante agregar esa frase de Danny Silk que sin duda te resonará.

"Solo cuando colocamos a Dios en el centro podemos acceder al consuelo, la paz, la seguridad, el goce y el placer que verdaderamente suplen nuestras necesidades más profundas" Danny Silk.

Aferra estas verdades a tu corazón y como vendas justas a tu herida sigue caminando y te puedo prometer algo; mientras tus ojos estén en Jesús todo va estar bien, de verdad que todo va estar bien, no lo digo como un himno optimista, te lo digo con la certeza de que yo caminé esa vereda y ahora todo está claro y mejorará todavía más, solamente debo mantenerme enfocado, me gustaría dejarte este versículo que también me ayudó a ver que sucedía al decirle que sí a Jesús:

> *"Por lo tanto, busquen primeramente el reino de Dios y su justicia, y todas estas cosas les serán añadidas."*
> **Mateo 6:33 RVC**

Si por un momento dudas o piensas que no vas a llegar a la meta, solo recuerda lo siguiente, definitivamente no estás en donde empezaste pero has hecho un trabajo excelente para llegar dónde estás y eso merece toda mi admiración y te puedo asegurar que Dios está muy orgulloso de lo que has logrado y siente complacencia.

Es momento de tomar decisiones sabias y sanas, confío en ti y Dios aún más, en que lo harás excelente y nunca más serás ese huracán que destruye todo a su paso, estás a un sí de transformar tu vida y la de todo lo que te rodea.

De verdad, he orado por ti todo el tiempo y sé que encontrarás a Dios en el camino y que Jesús te mostrará todo su amor por ti, me encantaría conocerte, así que dejo un correo para que te pongas en contacto conmigo, en donde quiera que estés me gustaría saber tu historia y ver cómo te puedo ayudar de manera más personal, te bendigo y amo.

"ENTRE LA VIDA Y LA MUERTE ESCOGE LA VIDA, YA TE FUE DADA"

MEDICINA

Sé que ya me despedí, pero si abriste esto es porque hay algo que te sigue doliendo así que te quiero dar un poco de lo que a mí me ayudó mucho y hasta la fecha me ayuda y es servir a Dios. Y no, esto no necesariamente quiere decir que te metas a una iglesia (lo cual si recomiendo, incluso que asistas regularmente), pero puedes servir en el Reino de los Cielos en todos lados. Te explico; físicamente hay una glándula en tu cerebro que genera endorfinas, sí, es la misma que las generaba cuando estabas haciendo algo malo, pero esa misma glándula se activa cuando escogemos hacer algo bueno, tal vez ayudar a la gente mayor o a los niños de la calle, por poner ejemplos. Aquello que sientas que logras hacer con un esfuerzo y que el motor es el amor, sin duda lo que más te va a gustar es ayudar a alguien que tuviera el mismo problema que tú o similar, eso será una bomba de endorfinas y el dolor desaparecerá de inmediato, como si fuese un analgésico. Así que aquí te dejo un recurso para toda la vida, te garantizo que el dolor no volverá, te abrazo con muchísimo cariño y sé que tomarás la decisión correcta porque eres una persona poderosa que ya ha vencido a la muerte.

Esto solo sirve si estás totalmente convencido que sanarás y que necesitas reforzar algo en ti, eso me recuerda a los versículos que explican qué pasaba cuando recaemos en un mal hábito, adicción o en cualquier comportamiento que nos destruye y el por qué nos destruye de manera más devastadora que la primera vez. Me voló la cabeza pensar que la respuesta a eso está en la Biblia, así que te lo dejo para que medites y piensos sobre eso:

> *"Cuando el espíritu inmundo ha salido del hombre, anda por lugares secos buscando reposo, y no lo encuentra. Entonces dice: "Volveré a la casa de donde salí". Cuando regresa, la halla desocupada, barrida y adornada. Entonces va y trae consigo otros siete espíritus peores que él. Y después de entrar, habitan allí; y el estado final de aquel hombre llega a ser peor que el primero."*
>
> **Mateo 12:43-45 RV2015**

Mi recomendación es que no lo dejes entrar, pero te prometo que nadie experimenta en cabeza ajena, ahora tienes toda herramienta para no dejarlo entrar y seguir escogiendo la vida, siempre que puedas dile sí a Dios y a la vida, siempre con cada decisión que tomes detente a pensar a qué le estas diciendo que "sí" y que le estás diciendo que "no". Dios también nos invita a escoger la vida y a cuidar nuestras palabras y por ende nuestras decisiones. Te recomiendo que consigas una Biblia que te acomode y empieces a leer el libro de Proverbios son 31, uno por cada día del mes, te aseguro que muchos no te van a gustar pero también estoy seguro de que te ayudarán a tomar decisiones sabias, sé que lo harás, de lo contrario no estaríamos juntos en este momento.

Y por último vive en constante acción de gracias, eso te ayuda a santificar tu vida y cada vez que sientas que algo está mal y no sabes como solucionarlo, repite conmigo, "Señor gracias por lo que estoy sintiendo aún cuando no lo entiendo, gracias por lo que estás haciendo en mi corazón" y te aseguro que vendrá alivio instantáneo.

Por siempre agradecido:

Este primer libro, es un conjunto de las cosas que he aprendido durante mi camino. Me parece que es un breve resumen del amor de Dios en mi vida y un claro ejemplo de que cuando escoges vivir sobre todas las cosas solo hay un resultado. Mi misión de vida es transformar al mundo y este es solo un pequeño paso para los sueños que Dios ha puesto en mí para lograrlo.

La intención de este Kit es mostrarme vulnerable contigo y darte algunas de las herramientas que a mí me funcionaron para poder sanar y transformar mi vida, no creo que sean infalibles pero estoy seguro de que el amor de Nuestro Padre todo lo puede.

Por eso mismo, dedico esto a mi primer padre espiritual; Fernando Portillo, quien acompañó en mi camino de rehabilitación y me ayudó a construir los cimientos de lo que hoy soy, enseñándome a responder ante una autoridad.

También a los que hoy en día son mis padres espirituales; Abraham e Irma Hernández, gracias por decirle que sí a mi vida, adoptarme y amarme como hijo, por caminar estos últimos años conmigo enseñándome a amar y a saber cómo se vive el amor, les agradezco por las horas invertidas en mi corazón y tomar la decisión de hacer un pacto conmigo. Los amo y mi vida será para honrar su trabajo y su fe en mí.

A mi madre que hizo todo por sacarme adelante, a costa de sacrificios y lágrimas. Gracias, madre por siempre intentar y nunca darte por vencida para que yo saliera adelante.

Gracias a mis amigos, los que estuvieron en el momento más oscuro de mi vida, a los que aún están y a los que se fueron porque igualmente me enseñaron. Samantha, Jorge, Luis y Andres gracias por acompañarme los amo.

A mis hermanos, el equipo de trabajo más increíble, por creer en mí y sumarse a mi visión. Gracias Debanhi, Keren, Ana, y Gabo, Diego gracias por sumerte amis locuras,

Y especialmente gracias a Junior., me enseñaste cómo se ve un buen corazón, a creer siempre lo mejor de las personas y a decir la verdad sin importar la situación en la que nos encontremos.

A Daniel Habif por llevarme bien crudo un

domingo hace diez años a la iglesia para presentarme a Jesús.

A Dios Padre por amarme siempre e incondicionalmente, por nunca abandonarme y por permitirme conocer el verdadero amor.

A Jesús por no rendirte.

¡Gracias a ti que lees esto! ¡Gracias por querer vivir!

César Encinas